Meditationspraxis

Ein Leitfaden zur spirituellen
Selbstrealisation und inneren
Zufriedenheit

René Büchner

In einer vergänglichen und unbeständigen Welt ist Meditation das Einzige, was uns unvergängliches und beständiges Glück schenken kann.
Alles andere unterliegt dem ständigen Wandel und ist der wahren Erfüllung nicht dienlich.

Lieber Leser, möge dir dieses Buch ein guter Ratgeber sein!

Inhalt

Vorwort

Dieses Buch ist allen Menschen gewidmet die gerne Meditieren möchten und bereits wissen, dass es etwas in ihnen gibt, das entdeckt werden möchte.

Lieber Leser, In diesem Buch lernst du, wie du deine Meditationen auf intensivere Erfahrungsebenen erheben kannst.

Du wirst den reinen Frieden des gedankenfreien Daseins erfahren und aus dieser inneren Stille wertvolle Lebensenergie schöpfen, die dich vitalisiert, dich mental und emotional befreit und dir ein ganz neues Lebensgefühl geben wird.

Die meisten Menschen suchen Ihr Glück und Ihre Zufriedenheit hauptsächlich in weltlichen, materiellen und äußeren Dingen. In Personen, in bestimmten Situationen, in Drogen oder in Sex.

Die meisten Menschen suchen das Glück also außerhalb von sich, anstatt in sich selbst.

Wenn du in der heutigen westlichen modernen Welt aufgewachsen bist, hast du mit großer Wahrscheinlichkeit niemals wirklich gelernt bekommen, wie wahres Glück und wahre innere Zufriedenheit zu finden ist. Deshalb suchst du vielleicht diese Erfüllung in den äußeren, materiellen Dingen und scheiterst daran, bist dauerhaft unzufrieden und kompensierst es mit Dingen, die dir nicht guttun. So tun es jedenfalls die meisten Menschen.

Du erfährst zwar kurzzeitige Freude und Befriedigung in all diesen Sinnesreizen, aber all diese Dinge sind (so wie alles andere in unserer materiellen Welt) zeitweilig, vergänglich, veränderlich und in ständigem Wandel. Damit sind diese ganzen Dinge unbefriedigend, denn wahrer Frieden und wahres Glück kannst du nur in DIR selbst finden.

Wirkliche, allumfassende Erfüllung, wahres Glück und wahre innere Zufriedenheit sind nicht abhängig von irgendetwas.

Es ist bereits hier und jetzt in deinem Inneren für DICH erfahrbar. Es ist unvergänglich, unveränderlich, immer da seiend und unterliegt keinem Wandel. Es ist immer DU selbst.

Wie du dieses Glück in dir finden kannst, davon kündet dieses Buch.

Meine Geschichte

Ich hatte in mir sehr früh, bereits in meiner Jugend ein brennendes Verlangen spirituelles Wissen aufzunehmen und durch Meditation dieses Wissen zu erfahren. Irgendetwas in mir fehlte mir früher, aber ich wusste zu dieser Zeit nicht genau, was es ist. Ich war neugierig und so ging ich auf die Reise nach innen...

Ich meditierte sehr oft nach dem Lesen eines spirituellen Buches, auf welches ich gestoßen war. Eines Morgens wachte ich auf und es passierte genau das, was im Buch beschrieben war. In mir war es STILL, ich hatte für kurze Zeit keine Gedanken. Dann spürte ich eine innerlich vibrierende Lebendigkeit in meinem ganzen Körper.

Als mein Verstand einsetzte und dachte „Was passiert hier?" wurde mir schlagartig bewusst, dass ich nicht mein Verstand sein kann, denn ich nahm seine Aktivität wahr, wo vorher keine war, und realisierte mich als das stille und fein vibrierende Sein an sich, in welchem alles, auch das Denken stattfindet.

Positiv schockiert von dieser Erkenntnis meditierte ich von da an intensiv, begeistert und jeden Tag.

In der Anfangsphase vor meinem spirituellen Durchbruch fühlte ich mich oft wie in einer Zwischenwelt. Manchmal war in mir Denkaktivität und mal war in mir reine Stille ohne Denken. Vor allem identifizierte ich mich sehr oft mit meinem Denken, also mit der Stimme in meinem Kopf, mit dem denkenden Ich.

Identifikation bedeutet für mich sich mit etwas gleichzumachen. Ich dachte also, dass ich mein denkendes Ich, also mein Verstand bin.

Es fühlte sich für mich an, als würde ich zwischen diesen beiden Zuständen hin und her schaukeln. Zwischen der Stille und dem Denken.

Es gab eine Zeit, in der ich dachte, ich dürfe keine Gedanken haben und müsse beim Meditieren immer in der Stille sein und wenn ich nur einen Gedanken hätte, ist die Meditation fehlgeschlagen.

Vor allem während der Meditation setzte ich mich damit oft ein bisschen unter Druck. Heute weiß ich, dass Gedanken im Alltag notwendig und in der Meditation völlig normal sind. Das wurde mir erst später bewusst, wo ich nicht mehr mit dem denkenden Verstand identifiziert und im Widerstreit war.

Heute kann ich über all die Probleme, die ich auf dem Weg zur inneren Stille und zu tiefer Glückseligkeit hatte, nur schmunzeln. Es fühlt sich an, als sei es das Leben eines anderen Menschen. Ich bin seitdem nicht mehr derselbe. Ich bin frei von Gedanken, Gefühlen und Gemütszuständen. Ich bin in einem Zustand von anhaltendem Frieden und Glück.

Ich weiß mittlerweile genau, dass ich nicht dieser Denkprozess und, dass ich auch nicht die sich ständig abwechselnden Gefühle und Gemütszustände bin, denn ich kann all dies beobachten, wahrnehmen und dann loslassen. Ich bin dann immer noch da – nur eben befreit davon.

Ich kann den Denkprozess aktivieren und abstellen wann immer ich möchte oder wann immer es praktische Aufgaben erfordern. Den Rest der Zeit entspanne ich nur im reinen Sein, ohne zu denken, spüre die Freude des Seins in mir und die Welt erscheint sehr mystisch, frisch und lebendig.

Das Leben geht normal weiter jedoch durch die erlangte Fähigkeit der meditativen Versenkung und die ständig anhaltende, tiefe spirituelle Erfahrung, ist das Leben sehr viel leichter für mich geworden, da ich dauerhaft diesen inneren Frieden und das innere Glück spüre. Nichts in der Außenwelt kommt an dieses Glück und an diesen Frieden heran. Es hat mich seitdem nie mehr verlassen. Ich brauche nichts. Ich bin einfach aus mir selbst heraus im Frieden mit allem, was existiert und spüre grundlose und unbedingte Glückseligkeit.

An einigen Tagen ist der Frieden und die innere lebendig-vibrierende Lebensenergie besonders stark wahrnehmbar. Manchmal ist es ein bisschen subtiler und die Meditationen sind nicht so besonders tief.

Es fühlt sich an wie warme Wellen von Glück die, den Körper durchströmen.

Ich weiß, dass mein tiefstes Sein nicht davon berührt wird, wenn es mal nicht so gut funktioniert. Ich brauche mich einfach zu setzten oder hinzulegen, die Augen zu schließen, zu entspannen, den Körper atmen zu lassen, wie er gerade möchte und wahrzunehmen was geschieht.

Dann gleite ich federleicht in die meditative Stille, spüre die Wärme und Klarheit des Seins und komme sehr zufrieden, wunschlos-glücklich und erfüllt wieder daraus hervor und wende mich der Welt und den praktischen Angelegenheiten wieder zu.

Ich habe es mir nun zur Aufgabe gemacht dir in diesem Buch zu erklären, wie du Meditation lernen kannst.

Ich wünsche dir nun viel Spaß und Freude beim Lesen.

Meditation

Meditation verbindet dich wieder mit deinem stillen, gedankenfreien und ursprünglichen Sein.

Die Eigenschaft deiner Ur-Natur, deines spirituellen Kernes, deines tiefsten Seins, ist Glückseligkeit - unabhängig von Irgendetwas. Unabhängig von allem! Von anderen Menschen und den Beziehungen mit ihnen, unabhängig von allen materiellen Dingen und unabhängig von Situationen.

Die östliche Wissenschaft der Spiritualität nennt diese Glückseligkeit „Ananda". Es ist unbedingte Freude, die aus sich selbst heraus existiert.

Der ursprüngliche Sinn einer jeden Meditation ist es, den denkenden

Verstand loszulassen und in das gedankenfreie und stille Sein zu versinken, welches du bereits jetzt schon bist.

Indem du täglich und regelmäßig meditierst und dadurch eine erweiterte Wahrnehmung erlangst, kannst du deine Konzentration, Wachsamkeit, Leistungsfähigkeit und dein allgemeines Wohlbefinden steigern.

Du siehst die Welt so, wie sie ist, ohne dass dein Verstand sich einmischt, und du bist klar und hellwach im Hier und Jetzt verankert, ohne zu denken. Es ist jedoch wichtig zu beachten, dass du nicht versuchen solltest, dieses Ziel zu erreichen oder mit Erwartungen zu meditieren. Wenn du dies tust, verfehlst du den eigentlichen Sinn der Meditation.

Du verstehst, dass du dein Glück nicht mehr im Außen findest, sondern du spürst es Bedingungslos durch dich strömen.

Du bist einfach viel klarer, fokussierter und glücklicher, wenn der denkende Verstand weitgehend aufgelöst ist. Das Denken braucht sehr viel Energie.

Du wirst also merken, wie dein Energielevel massiv ansteigt, wenn du gelernt hast, deinen denkenden Geist loszulassen.

So ist Meditation sowohl für deine innere, spirituelle Reise sehr dienlich als auch automatisch für deine äußere, materielle Reise.

Es ist meiner Meinung nach sogar das hilfreichste Instrument. Es hilft dir glücklich und zufrieden zu sein in einer

Welt des Vergänglichen und um davon abzulassen dieses Glück da zu suchen, wo es eben nicht zu finden ist.

Verschwende also nicht deine Zeit, lieber Leser, dein Glück und deine anhaltende Erfüllung in einer sich ständig verändernden und vergänglichen Welt zu suchen. Kehr um, leg den Rückwärtsgang ein und gib Vollgas, zurück zur geistigen Urquelle nach INNEN. Deiner wahren Heimat!

Das Ziel von Meditation ist es, allem RAUM zu geben, nicht zu denken, nichts zu bewerten, nichts zu verurteilen, nichts zu tun und völlig passiv und achtsam zu BEOBACHTEN.

Bald wird alles, was du Beobachten kannst, also alle Gedanken, Gefühle, Gemütszustände, Stimmungen und sogar dein Körper und die Welt, für dich verschwinden. Dann bist nur noch du da, befreit von all dem.

Denn sobald du eintauchen kannst in dein stilles und lebendig vibrierendes Reich, dein wahres Zuhause, welches INNEN ruht, wirst du wieder den universellen Frieden und universelle, bedingungslose Glückseligkeit spüren und kannst dann für andere Menschen da sein und für dich selbst aus dieser Fülle heraus dein Leben besser genießen.

Nichts in der Außenwelt wird dir etwas Bedeutsameres geben können als das, was du in deinem Inneren bereits BIST.

Wenn du gelernt hast, wie du richtig meditierst, wenn du es einmal wirklich verstanden hast, wirst du keinen Ratgeber, keine geführten Meditationen und keine Hörbücher mehr brauchen.

Du wirst aus dir selbst heraus meditieren können und dich besser, glücklicher, klarer, aufgeladener und freier fühlen als jemals zuvor.

Die Meditationstechnik, die ich in diesem Buch vorstelle, wird dir dabei helfen den Zustand des reinen Seins ohne Denken zu erfahren. Sie wird dir helfen dich von deinem Körper und deinem Geist zu lösen. Es ist der natürliche Zustand, den du nur verlernt hast in einer materiellen, nach Außen gerichteten und leistungsorientierten Gesellschaft.

Wenn du die in diesem Buch beschriebene Meditation praktizierst, und die Disziplin entwickelst es regelmäßig zu tun, wirst du dich wie ein Zentrum, wie ein stabiler Mittelpunkt fühlen. Dann kannst du den täglichen Herausforderungen und Schwierigkeiten des Lebens besser gerecht werden.

Nichts wird dich mehr umwerfen können.
Wie ein stabiler Baum, der seine Wurzeln
tief im Sein hat, wirst du standhaft und
gleichmütig in allen Situationen sein.

Diese Meditationspraxis wird dir helfen
deine Meditationserfahrung enorm zu
vertiefen.

Meditationspraxis

Am besten ist es, wenn du dich beim Meditieren auf einen Stuhl setzt oder mit gekreuzten Beinen (Schneidersitz) auf den Boden.

Wichtig ist, dass deine Wirbelsäule aufrecht ist und du dich nicht am Stuhl anlehnst. Ziehe dein Brustbein (Sternum) etwas nach oben, sodass du aufrecht sitzt. So bist du besser fokussiert, die Lebensenergie in deinem Körper kann besser und freier fließen und du verlierst dich weniger in deinen Gedanken.

Wenn du dich hinlegst, geht dein Körper automatisch in einen Entspannungszustand, in welchem er eine höhere Bereitschaft hat, einzuschlafen. Da du in der Meditation wach sein musst, empfehle ich dir am Anfang nicht, dich hinzulegen. Später wenn du geübt bist, kannst du das tun, denn dann ist es einfacher für dich auch im Liegen zu meditieren.

Wenn du aufrecht sitzt und dies regelmäßig machst, dann kann es sein, dass du Rückenschmerzen bekommst. Das ist völlig normal, denn die Rückenmuskeln müssen sich erst an die Haltung gewöhnen.

Deine Rückenmuskeln stärken sich automatisch. Es kann zu schmerzen in den Schultern und zu Nackenproblemen kommen. Aber auch der mittlere oder untere Rücken kann sich melden. Vor allem auf der Höhe des Brustbeins am Rücken, zwischen den Schulterblättern. Das legt sich allerdings nach einigen Wochen.

Lasse deine Wirbelsäule aufgerichtet.

Stelle dir einen leisen Wecker und setze dich mit aufgerichtetem Rückgrat/Brustkorb und mit gekreuzten Beinen auf den Boden oder auf einen Stuhl und schließe sanft deine Augen.

Deine Hände legst du so in den Schoß oder auf die Oberschenkel so wie du es gerne magst und es sich richtig und angenehm anfühlt.

Verkrampfe dich zu keiner Zeit und achte auf eine entspannte, aber aufrechte Haltung.

Du setzt dich also aufrecht hin, schließt die Augen, nimmst 4-5 tiefe und lange Atemzüge und nimmst einfach wahr.

Wahrnehmen.

Einfach alles wahrnehmen....

Beobachte das Geschehen und mache dir bewusst, dass du jetzt und hier sitzt, um zu meditieren.

Beobachte den Atem. Spüre ihn. Spüre wie er von selbst ein und ausströmt. Wie ein Ballon, der sich mit Luft füllt und wieder leert. Immer und immer wieder. Ohne dein Zutun. Du musst nichts tun. Lass den Atem einfach natürlich fließen. Es Atmet von selbst. Die Luft strömt ein und aus. Ein und Aus. Denk nicht darüber nach. Lass es einfach geschehen.

In dir mögen Gedanken, Gefühle, Empfindungen und Erinnerungen aufsteigen. Sie kommen und sie gehen. Sie steigen in dir auf und verschwinden wieder.

Die Gedanken, Gefühle, Empfindungen und Erinnerungen sind nicht du. Denn du kannst Sie ja BEOBACHTEN. Du wirst dir Ihrer bewusst. Du bist nicht das, was von dir wahrgenommen und erkannt wird. Sonst könntest du es nicht entstehen und vergehen sehen also beobachten und wahrnehmen. Das, was du im tiefsten Inneren bist, ist davon unabhängig.

Mit der Zeit, während du da so sitzt und den Körper ganz natürlich atmen lässt, richtest du deine Aufmerksamkeit ganz sanft auf den Punkt zwischen deinen Augen. Vorne, wo die Stirn und die Nase zusammenlaufen. Spüre diesen Punkt. Gehe mit deiner Aufmerksamkeit genau in diesen Bereich hinein. Kannst du darin ein feines Kribbeln, Kitzeln oder Vibrieren wahrnehmen? Fokussiere es aber nicht zu angestrengt. Denn Meditation bedeutet nicht unbedingt, sich auf etwas Bestimmtes zu konzentrieren, sondern alles gleichermaßen zu beobachten und wahrzunehmen.

Dort wo du deine Aufmerksamkeit in deinen Körper lenkst, wirst du die Lebensenergie als ein Kribbeln, Kitzeln oder Vibrieren wahrnehmen können. Falls du am Anfang nichts spürst, wirst du es mit der regelmäßigen Übung wahrnehmen können.

Gehe nun mit deiner Aufmerksamkeit in deine Hände und Füße. Fühle Sie. Denke nicht darüber nach. Gehe auch in deine Beine und Arme. Fühle von innen. Fühle dein Becken, deine Brust und deinen Kopf. Fühle dieses feine und warme Kribbeln und Vibrieren darin. Bade darin.

Mit der Zeit wird dieses fein vibrierende Gefühl des Seins immer mehr in den bewussten Vordergrund treten. Dieses lebendige Vibrieren BIST DU. Reine Lebensenergie. Dieses feinstoffliche Energiefeld durchdringt deinen Körper und haucht deinem Körper das Leben ein, welches ihn bewohnt.

Du bist ein energetisches Feld und Zentrum des Seins.

Nun kommt etwas Spannendes. Wenn du deine Aufmerksamkeit auf den Atem und auf das fein vibrierende Seins-Gefühl in dir richtest, ziehst du der Gedankenmaschine, dem denkenden Ich oder dem Verstand Aufmerksamkeitsenergie ab, sodass er automatisch weniger denkt, auch wenn er hier und da noch einige Kommentare hinzugibt, bewertet, verurteilt oder sich etwas vorstellt.

Lass ihn einfach. Nimm es nur wahr. Du bist nicht dein denkender Verstand. Die Gedanken, Vorstellungen und Bilder kommen und gehen. Sie sind nicht DU, Sie sind nicht dieses vibrierende Seins-Gefühl, welches du fühlst und bist.

Genieße jetzt für die kommende Zeit
einfach dieses warme, lebendig
vibrierende Energiefeld und die damit
einhergehende innere Stille und
Lebendigkeit.

Lasse nun alle Vorstellungen los. Auch die
von deinem Körper und bade weiterhin in
der Gegenwart deines Seins.

Spüre weiterhin die Gegenwart deines
Seins und löse dich auch immer mehr von
der Vorstellung deines Körpers. Du wirst
nun immer losgelöster von deinem
Körper, deinem Denken und den daraus
resultierenden Gefühlen. Hier ist die
Schwelle zum formlosen, unmanifesten
und namenlosen Sein, mit welchem du
immer weiter verschmelzen kannst.
Verweile nun in diesem Zustand.

Mit der Zeit verschwimmen deine
wahrgenommenen Körpergrenzen und
was immer mehr in den Vordergrund tritt,

ist dieses nichtlokale, formlose und vibrierende Gefühl des Seins. Wenn du visuell veranlagt bist, kann es sein, dass du ein Leuchten oder flackernde Lichter wahrnimmst.

Allmählich, solange es für dich angenehm ist, bereitest du dich auf die Rückkehr in den Normalzustand vor. Bewege zuerst sanft einzelne Finger und die Zehen. Springe bitte nicht direkt auf, nachdem der Wecker leise geklingelt hat. Nimm nun 10 tiefe Atemzüge und fühle wie frischer Sauerstoff und frisches, waches Leben in deinen Körper und in dein Gehirn fließt.

Bewege dein Becken und deine Schultern. Bewege deinen Kopf und öffne die Augen. Du bist nun zurück in der Welt, voll in der Sinnesaktivität deines Körpers, bist wach, fühlst dich klar und bist wunschlos im Frieden.

Meditation bedeutet also völliges und konsequentes Wahrnehmen, ohne einzugreifen. Es mag am Anfang sehr schwer für dich sein, dich nicht einzumischen und dich vom Fluss der Gedanken nicht mitreißen zu lassen.

Mit wiederholter Meditation und Übung wird dieser Gedankenstrom immer weniger und das bewusste Licht deines Seins in dir kommt immer mehr zum Leuchten.

Dieses bewusste Licht des Seins ist reinste Stille. Reinstes Sein. Reinstes Glück. Es ist die ursprüngliche Natur deines Wesens.

Wichtig ist, dass du bei der Meditation nicht versuchst deine gesamte Aufmerksamkeit auf etwas Bestimmtes zu richten. Wenn, dann ein wenig auf das Fühlen deines inneren Energiefeldes, denn das zieht wie gesagt

Bewusstseinsenergie von deinem denkenden Verstand ab, während du es fühlst und wahrnimmst. So verlagerst du ganz einfach den Fokus und denkst automatisch sehr viel weniger.

Komm also aus dem Denken zum Fühlen und dann zum reinen Wahrnehmen.

Werde dir einfach des lebendig vibrierenden Seins-Gefühls in deinem Körper bewusst.

Der stille Zeuge nimmt alles wahr

Ohne dich als beobachtenden Zeugen könnte ein Gedanke, ein Gefühl, eine Erinnerung, ein Verlangen oder ein Wunsch nach irgendetwas gar nicht für dich aufkommen und da sein. DU bist schon vor dem Gedanken, dem Gefühl, der Erinnerung, dem Verlangen und dem Wunsch.

Du bist das, was dies alles einfach neutral und urteilsfrei wahrnimmt. Der Gedanke oder das Gefühl oder die Erinnerung benötigt dich als beobachtenden Zeugen um als erkennbare Form für dich da sein zu können, ist es nicht so?

Du brauchst den Gedanken, das Gefühl oder den Impuls nicht zum Sein wie du in der Meditation erfahren hast und erfährst. Du bist davon unberührt.

Du kannst dich von allen Gedanken, Gefühlen, Erinnerungen und Verlangen lösen und dich als stilles, lebendig vibrierendes und gegenwärtiges Zentrum des Seins realisieren, in welchem alles stattfindet.

Bald wirst du immer mehr verstehen: "Hier bin ich, das, was all dies einfach wahrnimmt, und da sind die wahrgenommenen Gedanken, Gefühle, Erinnerungen, Verlangen, Gemütsregungen, Wünsche, der Körper und alles, was ich sonst wahrnehme".

Mit der Zeit wird dieses feine Vibrieren und Kribbeln immer leichter und im gesamten Körper sofort spürbar sein, sobald du Deine Aufmerksamkeit darauf richtest und somit kannst du von einem auf den anderen Moment ganz klar und bewusst im Hier und Jetzt verweilen.

Du wirst somit deine körperliche Form transzendieren und mit Bewusstseinslicht durchleuchten.

Wenn du deine Aufmerksamkeit auf dieses lebendig vibrierende Feld richtest, entziehst du, wie schon erwähnt, deinem Verstand Energie, die er sonst zu Gedanken macht.

Denke also nicht darüber nach. Fühle es! Sei der stille, wahrnehmende Zeuge von allem. Verschmilz mit diesem lebendigen Vibrieren, welches du wahrnimmst. Fühle es im gesamten Körper und du wirst merken wie die Körpergrenzen nach einiger Zeit zu verschwimmen beginnen und nurmehr ein nichtlokales und formloses, allumfassendes Gefühl des Seins von dir "übrigbleibt".

Versuche diese Loslösung nicht zu erzwingen. Es muss von selbst, ohne dein

Zutun geschehen. Je mehr du es erzwingst desto weniger Erfolg wirst du haben.

Es ist wie mit dem Erblühen einer Blume, du kannst Sie nicht gewaltsam zwingen zu wachsen, du kannst Sie nur lassen und zuschauen.

Also sei einfach passiv und neutral während der Meditation, wie ein Alles reflektierender Spiegel.

Die Stille

Die Stille kann nicht erklärt und mit
Worten beschrieben werden. Sie ist
jenseits aller Erklärungen, Worte,
Gedanken und Vorstellungen. Die Worte,
Erklärungen, Gedanken und Vorstellungen
sind diesseits dieser Welt. Die Stille ist
formlos und jenseits dieser Welt.

Die Stille kannst du nur erfahren und du
kannst mit der Stille nur verschmelzen,
wenn du frei von Gedanken,
Erinnerungen, Vorstellungen, Gefühlen,
Verlangen, Stimmungen,
Gemütsregungen und sonstigen
Einflüssen wirst. Dann ist die Stille
erreicht. Dann bist du EINS mit der Stille.

Dann bist du hellwach im Hier und Jetzt,
ohne zu denken. Du bewohnst deinen
Körper in jeder Zelle und bist als

gegenwärtiger Zeuge von allem
vollbewusst und präsent.

Es mag sein, dass in diesem Zustand ab
und zu Gedanken auftauchen. Jedoch
lässt du sie einfach vorbeiziehen. Du
nimmst Sie nicht mehr so ernst. Sie sind in
diesem Zustand der Stille für dich nichts
weiter als Wolken am Himmel. Der
Himmel ist die Stille, in welchem die
Gedanken (Wolken) auftauchen und sich
wieder auflösen.

Diese Stille ist das Bewusstseinsfeld, in
welchem sich dein Lebensinhalt entfaltet.

Die Stille ist wie der Raum, der alles in
sich enthält, doch selbst nirgendwo
enthalten ist.

Die Stille ist jenseits der gesamten Erfahrungswelt und ist deshalb nicht zu erklären. Worte sind nur Hinweise und Fingerzeige.

Jemand, der die Stille beschreiben möchte, scheitert bereits an der Wurzel, also in sich selbst. Die Stille ist da bevor der Gedanke, das Wort und die Erklärung kommt.

Die Stille ermöglicht es Gedanken, Worten, Erklärungen und Formen da zu sein.

Du kannst die Stille, dieses räumliche Gewahrsein als deine eigene innerste Essenz realisieren, wenn du nur regelmäßig und diszipliniert jeden Tag meditierst.

Je länger du in der Stille und damit auch im Fühlen und Wahrnehmen deines inneren Energiefeldes verweilst, jenseits des Denkens, desto klarer rückt das lebendige Vibrieren darin in den Vordergrund und erfüllt dich schließlich zur Gänze.

Der innere Ort

Das lebendige, formlose Vibrieren des Seins, in welches du eintauchen kannst, ist jener Ort und Zustand in dir, in welchen du jede Nacht "heimkehrst" um danach erfrischt und mit neuer Energie zu erwachen.

Dies passiert allerdings unbewusst. Denn du erinnerst dich nicht daran, wie es war im traumlosen Tiefschlaf zu sein.

Wenn du dir diesen Zustand genauer anschaust, bemerkst du, dass dieser Zustand nichts enthält. Es scheint so, als wäre da einfach nichts.

Wenn man jemanden fragt: "Wie war es heute Nacht im traumlosen Tiefschlaf?" wird dieser Jemand möglicherweise

Antworten: "Keine Ahnung, ich bekomme das ja nicht mit".

Es ist jedoch möglich diesen tiefsten traumlosen Zustand vollbewusst zu erfahren.

Denn wenn du durch tägliche Meditation das Licht deines Bewusstseins stärker und stärker werden lässt, kannst du in der Meditation dabei bewusst bleiben.

Dein Körper stellt die Sinnesaktivitäten und das Denken ein. Somit erlischt das Wahrnehmen durch die Sinne und durch das Denken für die Zeit der Meditation.

Du bleibst dabei allerdings bewusst und kannst dich als das formlos-vibrierende reine Sein realisieren. Es liegt jenseits der Sinne, ist jenseits des Denkens und jenseits aller Vorstellungen.

Nicht immer gelangst du direkt an diesen innersten Ort. Mit Übung wirst du immer tiefer gehen können. Dieser Zustand wird dich bei regelmäßiger Praxis erfüllen, entspannen, zufrieden stellen und dir ein Gefühl der Freiheit und des vollkommenen Wachseins schenken.

Außerdem wirst du möglicherweise Zustände erleben, die so unfassbar ekstatisch, befriedigend und intensiv sind, dass nichts in der Welt an dieses Geschenk herankommt.

Du lebst dann zwar noch in der Welt, aber du bist nicht mehr von der Welt und dir, der inneren Lebendigkeit, deines wahren Zuhauses bewusst.

Du fühlst vielleicht, dass dein Lebensinhalt wie ein flüchtiger und sich wandelnder Traum ist, im Gegensatz zur formlosen Wirklichkeit deines wahren, bewussten Seins. Du erkennst vielleicht auch, dass dein Körper, seine Sinnesaktivitäten, seine Gedanken und seine Emotionen nichts weiter als Wellen an der Oberfläche sind.

Der Ozean realisiert somit seine eigene Tiefe.

Klarheit schaffen

Lass uns noch einmal tiefer hineinschauen:

Es geht beim Meditieren darum, wirklich nichts zu tun - aber das konsequent. Du sitzt einfach da und beobachtest alles, was geschieht. Du bist völlig passiv und neutral. Wie ein glatte, alles reflektierende Wasseroberfläche. Du reflektierst alles, was geschieht. Die geringste Bewegung, lässt die spiegelglatte Wasseroberfläche vergehen. Sei also auf der Hut! Sei ganz einfach der rein wahrnehmende Zeuge von allem. Der Zeuge von Gedanken, Gefühlen, Erinnerungen, Verlangen, Impulsen, Gemütsregungen, inneren Bildern, Sinnesreizen und was es auch sein mag.

All dies bist du nicht. Du löst dich von diesen "Dingen" durch Beobachten um dann FREI von ihnen im reinen, lebendig vibrierenden Sein zu ruhen.

Sobald du wirklich realisiert hast, dass da "Etwas ist" was die Gedanken, Gefühle und alles Andere wahrnimmt, dann wird dich nichts mehr stören während der Meditation. Alles ist Teil der Meditation. Alles findet IN DIR statt.

Sei also völlig neutral. Wie eine Kamera, die alles Filmt. Alles, was die Kamera filmt, ist nicht die Kamera. Bedenke das immer wieder.

Das Dilemma mit den Gedanken

Gedanken und Gefühle sind manchmal sehr unkontrolliert. Sie schlagen förmlich um sich und reißen dich scheinbar immer wieder heraus aus deiner Meditation. Vielleicht ärgerst du dich, bist frustriert und regst dich auf?

Vor allem am Anfang, wenn du noch sehr mit dem denkenden Verstand zutun hast und die Fähigkeit, das Denken sofort loszulassen noch nicht erlangt hast, wird dies wohl öfter vorkommen.

Mach dir deshalb keine Vorwürfe. Es ist völlig normal Gedanken zu haben. Sie gehören zu dir und sind ein Teil von dir aber nicht im Wesentlichen DU. Akzeptiere Sie und nimm Sie an. Dann können sie gehen.

Ich selbst hatte früher dieses Problem. Ich wusste damals nicht genau, wie ich die Gedanken „kontrollieren" oder „auflösen" kann.

Genau da ist jedoch auch der Fehler, denn die Gedanken sollten neutral BEOBACHTET werden in der Meditation, nicht weggeschoben, unterdrückt oder kontrolliert werden. Dann lösen Sie sich von ganz allein auf.

Stelle dir einmal folgendes vor: Du sitzt in der Stadt auf deinem Lieblingsplatz oder in einem Park.

Du sitzt einfach da und beobachtest vorbeilaufenden Menschen. Sie treten in dein Sichtfeld ein und verschwinden wieder daraus. Du bleibst immer an deinem Platz. Du stehst ja nicht jedes Mal von deinem Platz auf, wenn Sie in dein Sichtfeld kommen, grüßt jeden Einzelnen und schüttelst jedem die Hand, sondern du beobachtest einfach die vorbeilaufenden Menschen. Du und dein Platz, von dem aus du schaust, ist von den vorbeilaufenden Menschen nicht berührt. Genauso ist es mit den Gedanken. Du bist von Gedanken und Emotionen und Gemütszuständen unberührt. Lass Sie einfach da sein. Bleib einfach der reine Beobachter.

Ein anderes Beispiel:

Stell dir ein Schwimmbecken vor, welches lauter kleine Wellen auf der Wasseroberfläche hat und sehr unruhig ist. Dieses Schwimmbecken ist dein Geist und die unruhigen Wellen und Bewegungen sind die Gedanken, Gefühle und Gemütsregungen.

Wenn du nun versuchst, mit deinen Händen (also mit deinem aktiven Denken und Tun) diese Wellen glatt zu machen, was würde passieren?

Sie würden nur noch mehr Wellen erzeugen, nicht wahr? Genauso ist es mit deinen Gedanken.

Hör auf ständig mit deinem Verstand weitere Gedanken wegschieben oder auflösen zu wollen, du wirbelst nur weitere Gedanken auf. Verweile stattdessen als neutraler Zeuge, wie ein neutraler Spiegel, der alles, was auf ihn trifft ganz neutral reflektiert. Dann werden die Gedanken mit der Zeit immer mehr verschwinden.

Mit regelmäßiger Meditation wirst du aus dem Rad der Gedanken aussteigen können und als rein wahrnehmender Zeuge von allem in dir selbst im reinen Frieden ruhen können.

Setze dich einfach gemütlich an den Rand des Schwimmbeckens und beobachte es einfach. Mit der Zeit wird es glatt, wie ein Spiegel. Ohne, dass du etwas gemacht hast.

Der Gedankenapparat

Der Verstand ist dein Werkzeug für praktische Zwecke in dieser Welt.

Wenn du jedoch ständig denkst und glaubst, dass dieser fast nie aufhörende Denkfluss das ist, was du wirklich bist, dann verpasst du dein wahres Selbst und kannst nicht glücklich und zufrieden sein und den lebendigen, fein vibrierenden Frieden in dir spüren.

Der Verstand möchte dieses, mag jenes und möchte dieses nicht und verabscheut das. Er ist ständig am Verurteilen und Bewerten. Was für ein unangenehmer Gast, wenn er unkontrolliert ist, oder?

Es ist die Stimme im Kopf die du hörst, die immer ihren Senf dazu gibt. Beziehe nicht dein wahres Gefühl von „Ich" aus dieser

Stimme, sondern fühle dich selbst als das lebendig vibrierende Energiefeld und der Verstand wird stoppen. Es kann allerdings einige Zeit dauern.

Ein Öl-Tanker, ein riesiges Schiff auf dem Meer, dass du bremsen möchtest, kommt erst nach einigen Kilometern zum Stehen. Bei einer Schiffslänge von 200 Metern ist ein Bremsweg von ca. 4-6 Kilometern normal. Der Verstand ist ähnlich. Es dauert einfach, bis das Denken aufhört. Gib diesem Prozess Zeit.

Durch das identifiziert sein mit dem Denken entsteht das persönliche Ego. Das Gefühl eine von dem Universum getrennte Person zu sein. Doch dies würde ein ganzes Buch füllen. Deshalb gehe ich darauf nicht weiter ein. Hier geht es um direkte Meditationserfahrung und wie du sie anwenden und verstehen kannst.

Weder das Denken noch das persönliche Ego existieren in der tiefsten Meditation. Ausschließlich reines, formloses, lebendig vibrierendes Sein existiert in tiefer Versenkung.

Der Verstand löst sich eines Tages auf, wenn du regelmäßig immer wieder meditierst. Dann hast du einen Ruhepol in dir gefunden, in welchem dich nie wieder irgendwelche Gedanken, Gefühle und Stimmungen „stören". Auch alle „psychischen Leiden" lösen sich mit der Zeit immer mehr auf da alles psychische Leiden aus dem psychologischen Verstand bzw. dem persönlichen Ego kommt.

Dein Geist und deine Psyche werden „geläutert" durch die Stille. Die Stille ist heilsam für den Geist.

Du weißt bereits wie du diese Verstandesmaschinerie loslassen und transparent werden lassen kannst, bis sie sich auflöst.

Den Schlüssel dazu habe ich dir gegeben. Entziehe deinem Verstand durch Fühlen des lebendigen Energiefeldes in deinem Körper die Energie und transformiere sie in reines Sein, statt in Gedanken. Dies musst du allerdings nicht aktiv tun. Durch reines nichts tun geschieht diese Loslösung von allein.

Plötzlich bist du einfach da ohne einen denkenden Verstand, spürst lebendiges Glück in dir und dies ist sehr wohltuend und nichts in der Welt kommt an dieses Glück heran.

Manche Menschen, die ich kennengelernt habe und mit denen ich zusammen Meditation praktiziert habe, sind einfach so friedlich und still geworden oder haben vor Freude geweint.

Es ist möglich für dich, dein eigenes Sein so zu transformieren, dass du ein äußerst glückliches und zufriedenes Leben, losgelöst von zwanghaft negativem Denken, leben kannst unabhängig davon, wie deine Lebenssituation gerade ist.

Das innere Glück kannst du immer wahrnehmen. Du musst dich nur in Meditation begeben oder deine Aufmerksamkeit darauf richten.

Die Gedankenmaschine ist ein teilweise automatisierter Prozess, den du nicht gewaltsam zwingen kannst, sich aufzulösen.

Erinnere dich an das Schwimmbecken, dass du einfach in Ruhe lässt, bis es spiegelglatt wird.

Sei einfach der stille Zeuge dieser Gedankenmaschine und du wirst mit der Zeit immer weniger Probleme haben dich von ihr zu lösen.

Umgang mit negativen Gedanken und Gefühlen

Negative Gedanken, Gefühle und Stimmungen, wie Wut, Hass, Ärger und Groll oder jede Art von Negativität solltest du einfach ganz kühl und neutral beobachten, ohne dich einzumischen. Dich nicht damit identifizieren. Leichter gesagt als getan – ist klar.

Besser ist es zu sagen: „Ich habe und erfahre gerade negative Gedanken, Gefühle und Stimmungen" als zu sagen „Ich bin negativ verstimmt oder ich denke negativ".

Erinnere dich daran, dass du nichts von dem bist, was du als entstehend und vergehend wahrnimmst.

Du nimmst es wahr und registrierst es, sobald negative Gedanken und Gefühle in dir erscheinen, aber du bist Sie nicht.

Wärst du diese Strukturen, könntest du Sie nicht beobachten. Dann könntest du ihr Aufkommen und Verschwinden nicht erkennen und wahrnehmen.

Ein einfaches Beispiel:

Stell dir vor du guckst bei klarem, strahlend blauem Himmel hoch und siehst ein Flugzeug fliegen. Es kommt in dein Sichtfeld und verschwindet wieder. Bist du dieses Flugzeug? Doch wohl kaum! Du siehst dieses Flugzeug an dir vorbeifliegen.

Genauso „siehst" Du negative Gedanken, Gefühle und Gemütsregungen an dir vorbeiziehen. Du siehst es bzw. nimmst es mit deinem inneren Auge wahr.

Es ist sehr einfach, wenn du erst einmal den Mechanismus herausgefunden hast. Durch reines Beobachten, ohne zu benennen und durch das Fühlen und Wahrnehmen deines inneren Körpers wirst du dich ganz automatisch davon lösen können bis wieder die lebendig vibrierende Stille und die Leichtigkeit in dir spürbar in den Vordergrund tritt.

Eines Tages wirst du nur noch ganz selten mit negativen Gedanken, Gefühlen und Stimmungen Identifizieren und sie damit am Leben erhalten.

Es mag durchaus sein, dass noch hier und da einige negative Strukturen aufkommen mögen, aber durch die immer stärker werdende alles bezeugende Präsenz in dir

wirst du dich immer einfacher davon
lösen können.

Ich gebe dir noch ein Beispiel:

Wenn du ein heißes Stück Eisen in der
Hand hast und es dir Schmerzen bereitet,
was tust du?

Du lässt es sofort ganz automatisch los.
Genauso ist es mit den negativen
Gedanken, Gefühlen und
Gemütsregungen, wenn du weiter
fortgeschritten in Meditation bist. Wenn
du den Mechanismus herausgefunden
hast, wirst du sie automatisch loslassen,
ohne dich und Andere weiter mit ihnen zu
verbrennen und zu verletzen.

Lass Sie einfach los. Wirf Sie über Bord.
Hafte nicht daran. Du bist nicht länger an
sie gebunden. Lenke deine

Aufmerksamkeit in das Fühlen und Wahrnehmen des lebendigen Vibrierens in dir und es wird verschwinden.

Die Fähigkeit des meditativen Schauens

Sobald du wirklich gefestigt in deiner regelmäßigen Meditation bist, wird es ein Leichtes für dich sein, direkt wann immer du möchtest in das meditative Schauen zu kommen:

Setze dich auf einen Stuhl oder auf ein Kissen, hol ein paar Mal tief Luft und fixiere dann einen Punkt ein paar Meter vor dir und ruhe ganz entspannt mit deinem Blick darauf.

Werde ganz still und lasse den Atem einfach frei und natürlich fließen, so wie er möchte.

Versuche gleichzeitig alles um dich herum wahrzunehmen, ohne es gedanklich zu etikettieren und ohne es zu fixieren. Bleibe bei dem Punkt deiner Wahl.

Schau einfach ohne deine Augen ständig von hier nach dort zu bewegen. Bleib im meditativen Schauen. Verschmilz förmlich mit dem Bild, welches du wahrnimmst.

Du kannst diese Art der Meditation auch im Alltag, wann immer du kurz Zeit hast, üben. Zum Beispiel wenn du mit dem Auto an einer Ampel stehst, fixierst du einfach die rote Ampel und bleibst fest darauf gerichtet.

Das holt dich direkt aus den Gedanken heraus, ins absolute Geschehen und sofort kannst du das lebendige Vibrieren im Körper wahrnehmen welches dich erfüllt und immer nur im absoluten Hier und Jetzt wahrnehmbar ist.

Schon wird ein Halt an der Ampel ein großes Geschenk.

Seien wir doch mal ehrlich, die meisten Menschen regen sich auf, wenn Sie warten müssen. Dabei kann Warten etwas so Erfüllendes und Schönes sein.

Du sitzt beim Arzt im Wartezimmer und „wartest"? Super praktiziere meditatives Schauen oder schließe die Augen und meditiere.

Es gibt so viele Möglichkeiten im Alltag immer mal wieder bewusste Momente zu erleben.

Achte von nun an ganz bewusst im Alltag, darauf, dass du immer mal wieder hier und da Kleine „meditative Pausen" einlegen kannst. Das holt dich immer wieder zurück in das Fühlen des lebendigen Energiefeldes, ins Gegenwärtige Dasein und damit raus aus dem denkenden Verstand.

Aber, ohne das regelmäßige Üben und Praktizieren wirst du kaum Erfolg haben. Deshalb nimm es ernst und praktiziere jeden Tag. Wenn es auch „nur" 10 Minuten sind zu Beginn. Mit der Zeit wirst du dich ganz von selbst steigern.

Übungsplan

Zum Schluss möchte ich dir noch einen Plan vorstellen, wie du deine Meditationen Schritt für Schritt vertiefen kannst. Wenn du bereits fortgeschritten bist, kannst du mit den längeren Zeiten direkt anfangen und diese dann noch weiter erhöhen.

Am Morgen nach dem Aufstehen oder am Abend ca. 2-3 Stunden vor dem Schlafen gehen ist die Meditation am effektivsten.

Nach dem Aufstehen ist der Geist noch nicht so sehr mit Eindrücken geprägt und ist empfänglicher für einen meditativen Seinszustand. Am Abend gegen 19 oder 20 Uhr ist der Körper zwar noch wach, aber bereits in einem Ruhemodus und ist ebenfalls empfänglicher für Meditation.

Stelle dir immer einen Wecker (Aber nicht zu laut!).

1. Woche:

Täglich 10 Min. am Morgen (ca. 15 Min. nach dem Aufstehen) und am Abend gegen 19 oder 20 Uhr.

2. Woche:

Täglich 15 Min. am Morgen – 15 Min. am Abend

3. Woche:

Täglich 20 Min. am Morgen – 20 Min. am Abend.

4. Woche:

Täglich 25 Min. am Morgen – 25 Min. am Abend.

5. Woche:

Täglich 20 Min. – 5 Min. Pause – 20 Min. (Also 40 Min.) Am Morgen und am Abend

Beginne im 2. Monat damit Pausen zwischen den Meditationseinheiten zu machen.

Nutze die Pause, um dich von eventuellen Beschwerden wie Schmerzen zu befreien (eingeschlafene Beine oder Rückenschmerzen). Außerdem kannst du dich nach der Pause neu ausrichten falls die Gedanken dich immer wieder mitreißen.

Dehne dich ein wenig während der Pause und atme bewusst tief durch.

6. Woche:

Täglich 20 Min. – 5 Min. Pause – 20 Min. – 5 Min. Pause – 20 Min. am Morgen und am Abend.

7. Woche:

Täglich 25 Min. – 5 – 25 Min. - 5 – 25 Min. am Morgen und am Abend.

8. Woche:

Täglich 30 Min. – 5 – 30 Min – 5 – 30 Min. am Morgen und am Abend.

Wenn du die 8. Woche absolviert hast, solltest du diese Frequenz halten, um die wirklich befreiende und erfüllende Kraft deiner Meditationspraxis erfahren zu können. Du kannst es auch ohne Pausen versuchen, aber ich kenne es aus meiner eigenen Erfahrung, dass es schwer ist, länger als 60 Min an einem Stück zu meditieren. Später, wenn du fortgeschrittener bist, wird dies aber auch für dich möglich sein.

Nun wünsche ich dir von Herzen alles Gute für deine Reise in dein spirituelles Herzzentrum. Du kannst dieses Buch immer mal wieder von Anfang bis Ende lesen, um die Informationen wieder und wieder aufzufrischen.

Meditiere einfach jeden Tag und du wirst die Früchte der Stille, der Glückseligkeit und des Friedens ernten!

Mögen all deine Meditationen erfolgreich sein!

Impressum

1. Auflage April 2023

Schriftsatz und Gestaltung: René Büchner

Copyright © 2023 René Büchner

masteryourmeditation@web.de

Covergestaltung: René Büchner –
Canva.com

ISBN: 9783751995153

Herstellung und Verlag: BoD – Books
on Demand, Norderstedt